Los asteroides y los cometas

William B. Rice

Asesora

JoBea Holt, Ph.D.
The Climate Project
Nashville, Tennessee

Créditos

Dona Herweck Rice, *Gerente de redacción*; Lee Aucoin, *Directora creativa*; Don Tran, *Gerente de diseño y producción*; Timothy J. Bradley, *Gerente de ilustraciones*;Conni Medina, M.A.Ed., *Directora editorial*; Katie Das, *Editora asociada*; Neri Garcia, *Diseñador principal*; Stephanie Reid, *Editora fotográfica*; Rachelle Cracchiolo, M.S.Ed., *Editora comercial*

Créditos fotográficos

portada Antonova Elena/Shutterstock; p.1 Antonova Elena/Shutterstock; p.4 Shalygin/ Shutterstock; p.5 Hemera Technologies/Abelstock; p.6 (fondo) NASA, (primer plano) BrandonHot/Shutterstock; p.8 liquidlibrary/Jupiterimages; p.9 BSIP/Photo Researchers, Inc.; p.10 Argus/Shutterstock; p.11 Carmen Martínez Banús/iStockphoto; p.12 Pinchuk Alexey/ Shutterstock; p.14 Walter G Arce/Shutterstock; p.15 (arriba) Pichugin Dmitry/ Shutterstock,(abajo) Michael Gray/iStockphoto; p.16 magaliB/istockphoto; p.18 Clifford Mueller/ iStockphoto; p.19 NASA; p.20 xjbxjhxm123/Shutterstock; p.21 (primer plano) NASA/ JPL-Caltech/T. Pyle (SSC); p.23 Robert Goode/Shutterstock; p.24 Vlue/Shutterstock; p.25 Newsom; p.26 Peter Miller/istockphoto; p.27 tpuerzer/istockphoto; p.28 Rocket400 Studio/ Shutterstock; p.29 Karn Lowe; p.32 KRT/Newscom

Teacher Created Materials

5301 Oceanus Drive
Huntington Beach, CA 92649-1030
http://www.tcmpub.com
ISBN 978-1-4333-2597-7
© 2011 Teacher Created Materials, Inc.

Tabla de contenido

¡El espacio es maravilloso!

El espacio está lleno de cosas asombrosas. ¡Sólo mira hacia arriba! Nunca se sabe lo que puedes encontrar.

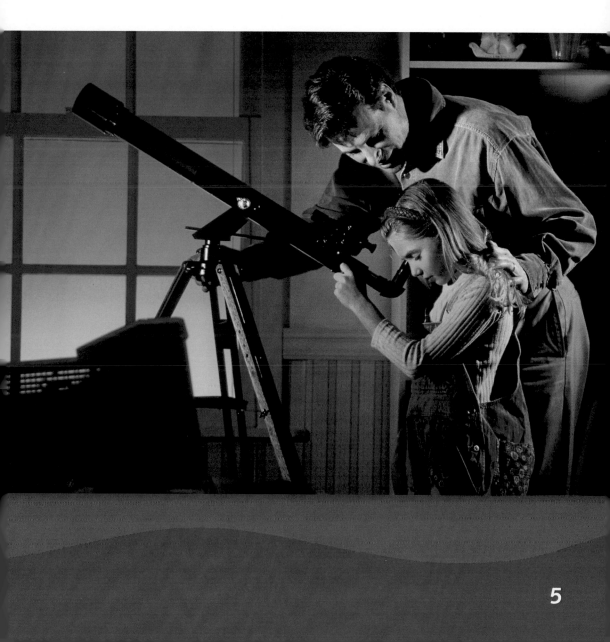

Los asteroides

¿Hay rocas en el espacio? ¡Por supuesto! Hay muchas. Los **asteroides** son como rocas enormes. ¡Algunos incluso son como pequeños planetas!

Ceres

luna

Ceres es el asteroide más grande que conocemos. Mira qué tan grande es comparado con la luna y la Tierra.

Los asteroides están compuestos por rocas y un metal llamado hierro.

Tierra

Muchos asteroides se mueven alrededor del sol. Algunos se mueven en forma de **cinturón**. Hay un cinturón de asteroides entre Marte y Júpiter.

Un asteroide

cinturón de asteroides

Orbitar

Cuando algo se mueve alrededor del sol o de un planeta, a eso le llamamos **órbita**.

Algunos asteroides se acercan a la Tierra. Cuando lo hacen, se calientan. Comienzan a brillar. Vemos un rayo de luz. Eso se llama **meteoro**. También recibe el nombre de estrella fugaz.

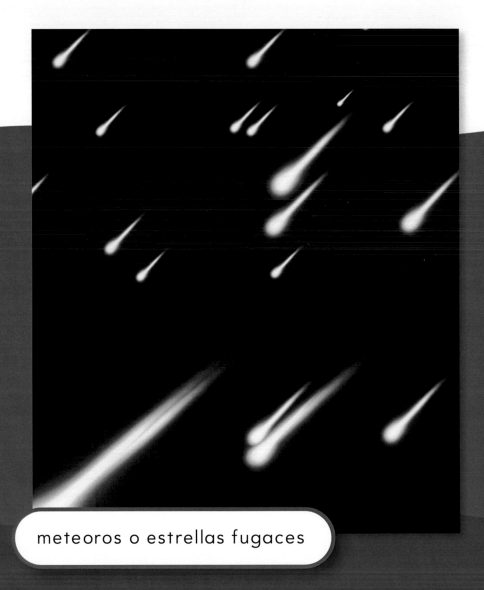

meteoros o estrellas fugaces

Los telescopios nos pueden ayudar a ver objetos en el espacio. ¡Usa un telescopio para ver meteoros!

Muchos meteoros arden en el espacio. Pero algunos se estrellan contra la Tierra. Pero no ocasionan demasiados problemas. Son demasiado pequeños para hacerlo. ¡Pero algunos meteoros son gigantes! Estos pueden causar muchísimos problemas.

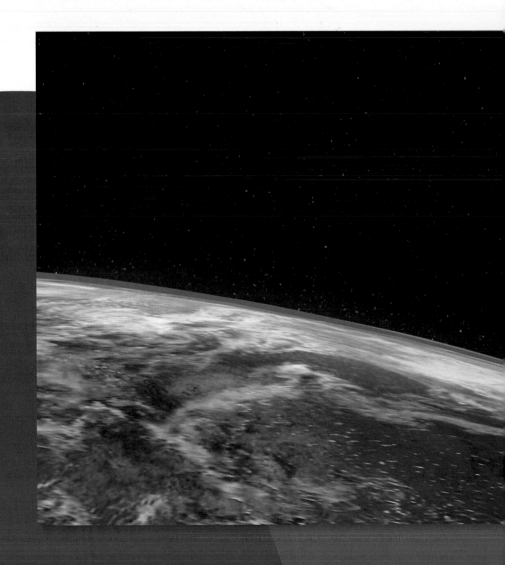

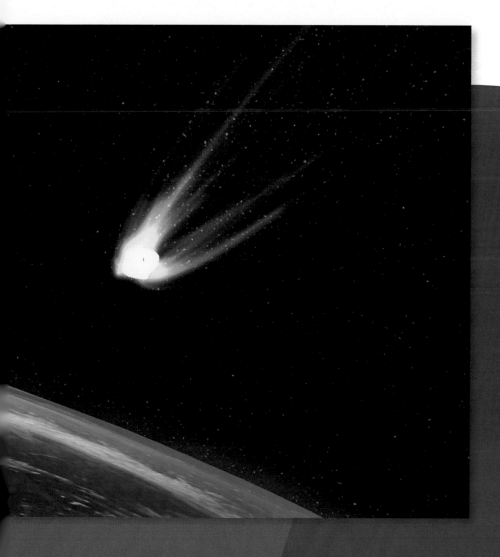

Los asteroides pueden chocar unos contra otros. Pueden quebrarse en trozos más pequeños. ¡Incluso pueden estrellarse contra los planetas! La Tierra es un planeta. Los asteroides reciben el nombre de **meteoritos** cuando caen a la Tierra. Los meteoritos grandes pueden hacer hoyos en el planeta.

Un meteorito hizo este **cráter**.

Este gran meteorito fue enterrado bajo la tierra en África.

Dato curioso

Quizás los meteoritos sean el motivo por el cual ya no hay más dinosaurios.

Los cometas

Los **cometas** orbitan alrededor del sol. La mayoría de los cometas orbitan lejos, muy lejos. Un cometa puede tardar cien años en dar una sola vuelta alrededor del sol.

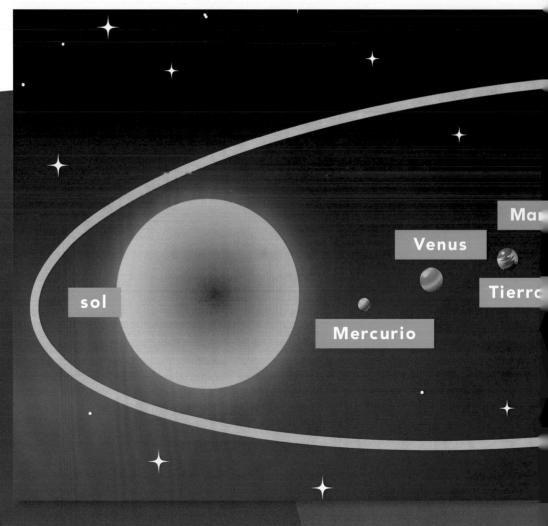

sol

Mercurio

Venus

Ma

Tierr

¡Algunos cometas pueden tardar millones de años en dar una sola vuelta alrededor del sol!

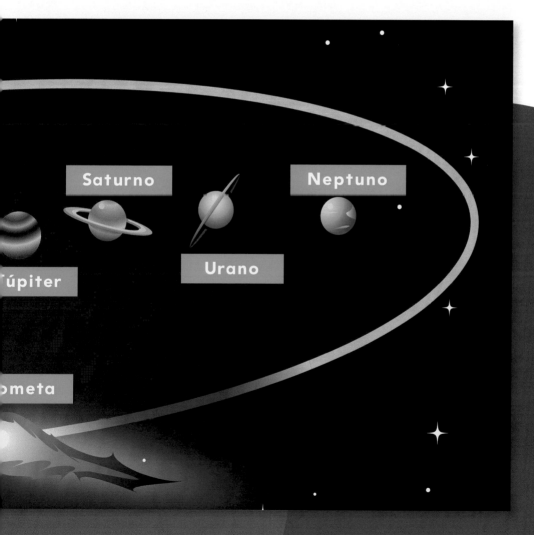

Los cometas están compuestos por rocas.
También están compuestos por hielo y **gas**.

cometa

cometa

Los cometas son como bolas de nieve grandes y sucias. Lanzan gas y polvo cuando se acercan al sol.

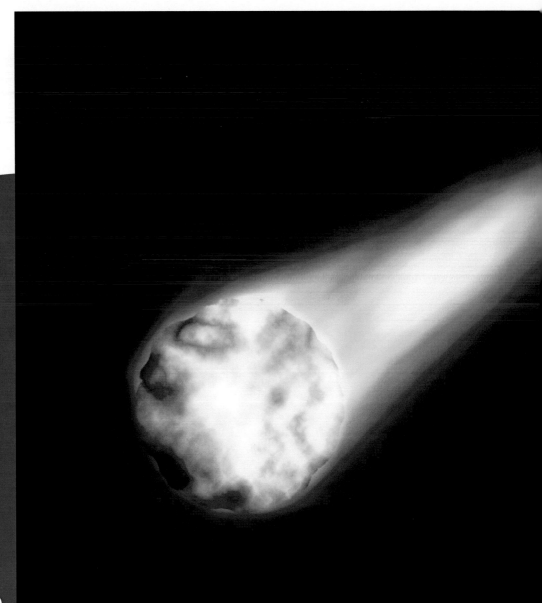

Hay cometas de diferentes tamaños. El más pequeño mide aproximadamente 100 metros de ancho.

El gas y el polvo forman una larga cola. La cola se ilumina en el cielo. Siempre apunta en dirección opuesta al sol.

Dato curioso

La palabra *cometa* viene de una palabra griega que significa "cabello largo". ¿Por qué será?

Algunos cometas se acercan a la Tierra. Podemos verlos en el cielo. La Tierra puede pasar por la trayectoria del cometa. ¡Entonces podemos ver una lluvia de meteoros!

lluvia de meteoros

Lluvia de meteoros Perseidas

Cada mes de agosto, podemos ver esta famosa lluvia de meteoros.

¿Qué ves?

Esta noche observa el cielo. ¿Qué verás? ¡Busca meteoros y cometas! Nunca sabes cuando pasará alguno cerca de ti.

¡Adiós, meteoros y cometas!

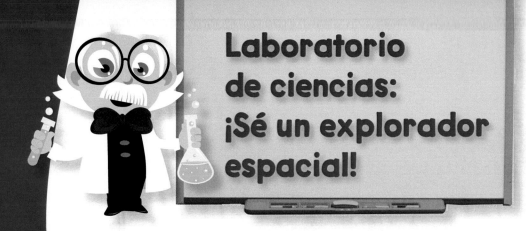

Laboratorio de ciencias: ¡Sé un explorador espacial!

Las lunas, los asteroides y los cometas son sólo algunas de las cosas que se mueven en el espacio. Los científicos estudian todas esas cosas. Una forma de aprender sobre ellas es observarlas.

Puedes ser un explorador espacial si observas la luna.

Materiales:

- papel
- crayones o marcadores
- la luna de noche

Procedimiento:

❶ Toma un trozo de papel y dibuja siete casilleros. Escribe los números del 1 7 en los casilleros como indica el dibujo.

2 Cuando oscurezca, sal de casa con un adulto y observa la luna. ¿Qué ves?

3 Dibuja lo que ves en el primer casillero del papel.

4 A la misma hora de la noche siguiente, haz lo mismo. Dibuja lo que ves en el segundo casillero.

5 Haz lo mismo a la misma hora durante siete noches.

6 Luego de siete noches, observa tus dibujos. ¿Qué te indican sobre la luna?

Glosario

asteroides—rocas grandes que viajan por el espacio

cinturón—franja que recorre un círculo

cometas—bolas de roca, hielo y gas que orbitan alrededor del sol y tienen largas colas cuando están cerca del sol

cráter—gran orificio o hendidura

gas—estado de la materia que no es sólido ni líquido

meteoritos—asteroides u otros objetos que aterrizan en la Tierra

meteoros—asteroides u otros objetos que se acercan a la Tierra, se calientan y brillan en el cielo

órbita—los círculos u óvalos por los que los objetos giran

Índice

Una científica actual

Mae Jemison era astronauta. Viajaba al espacio para descubrir cosas sobre todo lo que se encuentra allí. Ella cree que los mejores científicos formulan preguntas todo el tiempo. Actualmente, Mae enseña a los alumnos a ser científicos.